رَّبِّ اغْفِرْ لِى وَلِوَٰلِدَىَّ وَلِمَن دَخَلَ بَيْتِىَ مُؤْمِنًا وَلِلْمُؤْمِنِينَ ٢٨ وَالْمُؤْمِنَٰتِ وَلَا تَزِدِ الظَّٰلِمِينَ إِلَّا تَبَارًا ٢٩

End of Hizb 57

و الحمدلله

مِّمَّا خَطِيٓـَٔـٰتِهِمْ أُغْرِقُوا۟ فَأُدْخِلُوا۟ نَارًا

فَلَمْ يَجِدُوا۟ لَهُم مِّن دُونِ ٱللَّهِ

أَنصَارًا 25 وَقَالَ نُوحٌ رَّبِّ لَا تَذَرْ

عَلَى ٱلْأَرْضِ مِنَ ٱلْكَـٰفِرِينَ دَيَّارًا 26

إِنَّكَ إِن تَذَرْهُمْ يُضِلُّوا۟ عِبَادَكَ وَلَا

يَلِدُوٓا۟ إِلَّا فَاجِرًا كَفَّارًا 27

وَمَكَرُوا۟ مَكْرًا كُبَّارًا 22

وَقَالُوا۟ لَا تَذَرُنَّ ءَالِهَتَكُمْ وَلَا تَذَرُنَّ

وَدًّا وَلَا سُوَاعًا وَلَا يَغُوثَ وَيَعُوقَ

وَنَسْرًا 23 وَقَدْ أَضَلُّوا۟ كَثِيرًا ۖ وَلَا

تَزِدِ ٱلظَّـٰلِمِينَ إِلَّا ضَلَـٰلًا 24

ثُمَّ يُعِيدُكُمْ فِيهَا وَيُخْرِجُكُمْ إِخْرَاجًا ١٨

وَٱللَّهُ جَعَلَ لَكُمُ ٱلْأَرْضَ بِسَاطًا ١٩

لِّتَسْلُكُوا۟ مِنْهَا سُبُلًا فِجَاجًا ٢٠

قَالَ نُوحٌ رَّبِّ إِنَّهُمْ عَصَوْنِى

وَٱتَّبَعُوا۟ مَن لَّمْ يَزِدْهُ مَالُهُۥ وَوَلَدُهُۥٓ

إِلَّا خَسَارًا ٢١

مَّا لَكُمْ لَا تَرْجُونَ لِلَّهِ وَقَارًا ١٣ وَقَدْ خَلَقَكُمْ أَطْوَارًا ١٤ أَلَمْ تَرَوْا كَيْفَ خَلَقَ ٱللَّهُ سَبْعَ سَمَٰوَٰتٍ طِبَاقًا ١٥ وَجَعَلَ ٱلْقَمَرَ فِيهِنَّ نُورًا وَجَعَلَ ٱلشَّمْسَ سِرَاجًا ١٦ وَٱللَّهُ أَنۢبَتَكُم مِّنَ ٱلْأَرْضِ نَبَاتًا ١٧

ثُمَّ إِنِّىٓ أَعْلَنتُ لَهُمْ وَأَسْرَرْتُ لَهُمْ

إِسْرَارًا ٩ فَقُلْتُ ٱسْتَغْفِرُوا۟ رَبَّكُمْ

إِنَّهُۥ كَانَ غَفَّارًا ١٠ يُرْسِلِ ٱلسَّمَآءَ

عَلَيْكُم مِّدْرَارًا ١١ وَيُمْدِدْكُم بِأَمْوَٰلٍ

وَبَنِينَ وَيَجْعَل لَّكُمْ جَنَّٰتٍ وَيَجْعَل

لَّكُمْ أَنْهَٰرًا ١٢

فَلَمْ يَزِدْهُمْ دُعَآءِى إِلَّا فِرَارًا ٦

وَإِنِّى كُلَّمَا دَعَوْتُهُمْ لِتَغْفِرَ لَهُمْ جَعَلُوٓا۟ أَصَـٰبِعَهُمْ فِىٓ ءَاذَانِهِمْ وَٱسْتَغْشَوْا۟ ثِيَابَهُمْ وَأَصَرُّوا۟ وَٱسْتَكْبَرُوا۟ ٱسْتِكْبَارًا ٧

ثُمَّ إِنِّى دَعَوْتُهُمْ جِهَارًا ٨

أَنِ اعْبُدُوا اللَّهَ وَاتَّقُوهُ وَأَطِيعُونِ 3

يَغْفِرْ لَكُم مِّن ذُنُوبِكُمْ وَيُؤَخِّرْكُمْ

إِلَىٰ أَجَلٍ مُّسَمًّى ج إِنَّ أَجَلَ اللَّهِ إِذَا

جَاءَ لَا يُؤَخَّرُ صلى لَوْ كُنتُمْ تَعْلَمُونَ 4

قَالَ رَبِّ إِنِّي دَعَوْتُ قَوْمِي لَيْلًا

وَنَهَارًا 5

An-Noor

بِسْمِ ٱللَّهِ ٱلرَّحْمَٰنِ ٱلرَّحِيمِ

إِنَّآ أَرْسَلْنَا نُوحًا إِلَىٰ قَوْمِهِ أَنْ أَنذِرْ قَوْمَكَ مِن قَبْلِ أَن يَأْتِيَهُمْ عَذَابٌ أَلِيمٌ ١ قَالَ يَٰقَوْمِ إِنِّى لَكُمْ نَذِيرٌ مُّبِينٌ ٢

وَيَلْعَبُوا حَتَّىٰ يُلَـٰقُوا يَوْمَهُمُ الَّذِي

يُوعَدُونَ ٤٢ يَوْمَ يَخْرُجُونَ مِنَ

الْأَجْدَاثِ سِرَاعًا كَأَنَّهُمْ إِلَىٰ نُصُبٍ

يُوفِضُونَ ٤٣ خَاشِعَةً أَبْصَارُهُمْ

ج تَرْهَقُهُمْ ذِلَّةٌ ۚ ذَٰلِكَ الْيَوْمُ الَّذِي

كَانُوا يُوعَدُونَ ٤٤

أَيَطْمَعُ كُلُّ ٱمْرِئٍ مِّنْهُمْ أَن يُدْخَلَ

جَنَّةَ نَعِيمٍ ٣٨ كَلَّآ صلى إِنَّا خَلَقْنَٰهُم مِّمَّا

يَعْلَمُونَ ٣٩ فَلَآ أُقْسِمُ بِرَبِّ

ٱلْمَشَٰرِقِ وَٱلْمَغَٰرِبِ إِنَّا لَقَٰدِرُونَ ٤٠

عَلَىٰٓ أَن نُّبَدِّلَ خَيْرًا مِّنْهُمْ وَمَا نَحْنُ

بِمَسْبُوقِينَ ٤١ فَذَرْهُمْ يَخُوضُوا

وَالَّذِينَ هُمْ عَلَىٰ صَلَاتِهِمْ يُحَافِظُونَ ٣٤ أُو۟لَٰٓئِكَ فِى جَنَّٰتٍ مُّكْرَمُونَ ٣٥ فَمَالِ الَّذِينَ كَفَرُوا۟ قِبَلَكَ مُهْطِعِينَ ٣٦ عَنِ الْيَمِينِ وَعَنِ الشِّمَالِ عِزِينَ ٣٧

حَٰفِظُونَ ٢٩ إِلَّا عَلَىٰٓ أَزْوَٰجِهِمْ أَوْ مَا

مَلَكَتْ أَيْمَٰنُهُمْ فَإِنَّهُمْ غَيْرُ مَلُومِينَ ٣٠

فَمَنِ ٱبْتَغَىٰ وَرَآءَ ذَٰلِكَ فَأُوْلَٰٓئِكَ هُمُ

ٱلْعَادُونَ ٣١ وَٱلَّذِينَ هُمْ لِأَمَٰنَٰتِهِمْ

وَعَهْدِهِمْ رَٰعُونَ ٣٢ وَٱلَّذِينَ هُمْ

بِشَهَٰدَٰتِهِمْ قَآئِمُونَ ٣٣

لِّلسَّآئِلِ وَالْمَحْرُومِ ٢٥

وَالَّذِينَ يُصَدِّقُونَ بِيَوْمِ الدِّينِ ٢٦

وَالَّذِينَ هُم مِّنْ عَذَابِ رَبِّهِم

مُّشْفِقُونَ ٢٧ إِنَّ عَذَابَ رَبِّهِمْ غَيْرُ

مَأْمُونٍ ٢٨ وَالَّذِينَ هُمْ لِفُرُوجِهِمْ

إِنَّ ٱلْإِنسَـٰنَ خُلِقَ هَلُوعًا ١٩ إِذَا

مَسَّهُ ٱلشَّرُّ جَزُوعًا ٢٠ وَإِذَا مَسَّهُ

ٱلْخَيْرُ مَنُوعًا ٢١ إِلَّا ٱلْمُصَلِّينَ ٢٢

ٱلَّذِينَ هُمْ عَلَىٰ صَلَاتِهِمْ دَآئِمُونَ ٢٣

وَٱلَّذِينَ فِىٓ أَمْوَٰلِهِمْ حَقٌّ مَّعْلُومٌ ٢٤

لَظَىٰ ١٥ نَزَّاعَةً لِّلشَّوَىٰ ١٦ تَدْعُوا مَنْ أَدْبَرَ وَتَوَلَّىٰ ١٧ وَجَمَعَ فَأَوْعَىٰٓ ١٨

ج

يُبْصَرُونَهُمْ ۚ يَوَدُّ ٱلْمُجْرِمُ لَوْ يَفْتَدِى

مِنْ عَذَابِ يَوْمِئِذٍ بِبَنِيهِ 11

وَصَاحِبَتِهِۦ وَأَخِيهِ 12

وَفَصِيلَتِهِ ٱلَّتِى تُـْٔوِيهِ 13 وَمَن فِى

ٱلْأَرْضِ جَمِيعًا ثُمَّ يُنجِيهِ 14 كَلَّا ۖ إِنَّهَا

خَمْسِينَ أَلْفَ سَنَةٍ 4 فَٱصْبِرْ صَبْرًا

جَمِيلًا 5 إِنَّهُمْ يَرَوْنَهُ بَعِيدًا 6

وَنَرَىٰهُ قَرِيبًا 7 يَوْمَ تَكُونُ ٱلسَّمَآءُ

كَٱلْمُهْلِ 8 وَتَكُونُ ٱلْجِبَالُ كَٱلْعِهْنِ 9

وَلَا يَسْـَٔلُ حَمِيمٌ حَمِيمًا 10

Al-Ma'arij

بِسْمِ اللّٰهِ الرَّحْمٰنِ الرَّحِيمِ

١ سَأَلَ سَائِلٌ بِعَذَابٍ وَاقِعٍ

٢ لِّلْكٰفِرِينَ لَيْسَ لَهُ دَافِعٌ مِّنَ اللّٰهِ

٣ ذِى الْمَعَارِجِ تَعْرُجُ الْمَلٰٓئِكَةُ

وَالرُّوحُ إِلَيْهِ فِى يَوْمٍ كَانَ مِقْدَارُهُ

لِّلْمُتَّقِينَ ٤٨ وَإِنَّا لَنَعْلَمُ أَنَّ مِنكُم

مُّكَذِّبِينَ ٤٩ وَإِنَّهُ لَحَسْرَةٌ عَلَى

ٱلْكَافِرِينَ ٥٠ وَإِنَّهُ لَحَقُّ ٱلْيَقِينِ ٥١

فَسَبِّحْ بِٱسْمِ رَبِّكَ ٱلْعَظِيمِ ٥٢

وَلَا بِقَوْلِ كَاهِنٍ ۚ قَلِيلًا مَّا تَذَكَّرُونَ ٤٢

تَنزِيلٌ مِّن رَّبِّ ٱلْعَٰلَمِينَ ٤٣

وَلَوْ تَقَوَّلَ عَلَيْنَا بَعْضَ ٱلْأَقَاوِيلِ ٤٤

لَأَخَذْنَا مِنْهُ بِٱلْيَمِينِ ٤٥ ثُمَّ لَقَطَعْنَا

مِنْهُ ٱلْوَتِينَ ٤٦ فَمَا مِنكُم مِّنْ أَحَدٍ

عَنْهُ حَٰجِزِينَ ٤٧ وَإِنَّهُۥ لَتَذْكِرَةٌ

فَلَيْسَ لَهُ الْيَوْمَ هَٰهُنَا حَمِيمٌ 35 وَلَا

طَعَامٌ إِلَّا مِنْ غِسْلِينٍ 36 لَّا يَأْكُلُهُۥٓ

إِلَّا الْخَٰطِـُٔونَ 37 فَلَآ أُقْسِمُ بِمَا

تُبْصِرُونَ 38 وَمَا لَا تُبْصِرُونَ 39

إِنَّهُۥ لَقَوْلُ رَسُولٍ كَرِيمٍ 40 وَمَا هُوَ

بِقَوْلِ شَاعِرٍ ۚ قَلِيلًا مَّا تُؤْمِنُونَ 41

مَآ أَغْنَىٰ عَنِّى مَالِيَهْ ﴿28﴾ هَلَكَ عَنِّى

سُلْطَٰنِيَهْ ﴿29﴾ خُذُوهُ فَغُلُّوهُ ﴿30﴾ ثُمَّ

ٱلْجَحِيمَ صَلُّوهُ ﴿31﴾ ثُمَّ فِى سِلْسِلَةٍ

ذَرْعُهَا سَبْعُونَ ذِرَاعًا فَٱسْلُكُوهُ ﴿32﴾

إِنَّهُۥ كَانَ لَا يُؤْمِنُ بِٱللَّهِ ٱلْعَظِيمِ ﴿33﴾

وَلَا يَحُضُّ عَلَىٰ طَعَامِ ٱلْمِسْكِينِ ﴿34﴾

كُلُوا۟ وَٱشْرَبُوا۟ هَنِيٓـًٔا بِمَآ أَسْلَفْتُمْ فِى

ٱلْأَيَّامِ ٱلْخَالِيَةِ ٢٤ وَأَمَّا مَنْ أُوتِىَ

كِتَـٰبَهُۥ بِشِمَالِهِۦ فَيَقُولُ يَـٰلَيْتَنِى لَمْ

أُوتَ كِتَـٰبِيَهْ ٢٥ وَلَمْ أَدْرِ مَا حِسَابِيَهْ ٢٦

يَـٰلَيْتَهَا كَانَتِ ٱلْقَاضِيَةَ ٢٧

يَوْمَئِذٍ تُعْرَضُونَ لَا تَخْفَىٰ مِنكُمْ خَافِيَةٌ ١٨ فَأَمَّا مَنْ أُوتِىَ كِتَٰبَهُۥ بِيَمِينِهِۦ فَيَقُولُ هَآؤُمُ ٱقْرَءُوا۟ كِتَٰبِيَهْ ١٩ إِنِّى ظَنَنتُ أَنِّى مُلَٰقٍ حِسَابِيَهْ ٢٠ فَهُوَ فِى عِيشَةٍ رَّاضِيَةٍ ٢١ فِى جَنَّةٍ عَالِيَةٍ ٢٢ قُطُوفُهَا دَانِيَةٌ ٢٣

وَحُمِلَتِ ٱلْأَرْضُ وَٱلْجِبَالُ فَدُكَّتَا

دَكَّةً وَٰحِدَةً 14 فَيَوْمَئِذٍ وَقَعَتِ

ٱلْوَاقِعَةُ 15 وَٱنشَقَّتِ ٱلسَّمَآءُ فَهِىَ

يَوْمَئِذٍ وَاهِيَةٌ 16 وَٱلْمَلَكُ عَلَىٰٓ

ج

أَرْجَآئِهَا وَيَحْمِلُ عَرْشَ رَبِّكَ

فَوْقَهُمْ يَوْمَئِذٍ ثَمَٰنِيَةٌ 17

فَعَصَوْا۟ رَسُولَ رَبِّهِمْ فَأَخَذَهُمْ أَخْذَةً

رَّابِيَةً ١٠ إِنَّا لَمَّا طَغَا ٱلْمَآءُ

حَمَلْنَـٰكُمْ فِى ٱلْجَارِيَةِ ١١ لِنَجْعَلَهَا

لَكُمْ تَذْكِرَةً وَتَعِيَهَآ أُذُنٌ وَٰعِيَةٌ ١٢

فَإِذَا نُفِخَ فِى ٱلصُّورِ نَفْخَةٌ وَٰحِدَةٌ ١٣

صَرْصَرٍ عَاتِيَةٍ ٦ سَخَّرَهَا عَلَيْهِمْ سَبْعَ

لَيَالٍ وَثَمَٰنِيَةَ أَيَّامٍ حُسُومًا فَتَرَى

الْقَوْمَ فِيهَا صَرْعَىٰ كَأَنَّهُمْ أَعْجَازُ

نَخْلٍ خَاوِيَةٍ ٧ فَهَلْ تَرَىٰ لَهُم مِّن

بَاقِيَةٍ ٨ وَجَاءَ فِرْعَوْنُ وَمَن قَبْلَهُۥ

وَالْمُؤْتَفِكَٰتُ بِالْخَاطِئَةِ ٩

Al-Haaaqqah

بِسْمِ ٱللَّهِ ٱلرَّحْمَـٰنِ ٱلرَّحِيمِ

ٱلْحَاقَّةُ 1 مَا ٱلْحَاقَّةُ 2 وَمَآ أَدْرَىٰكَ مَا

ٱلْحَاقَّةُ 3 كَذَّبَتْ ثَمُودُ وَعَادٌ

بِٱلْقَارِعَةِ 4 فَأَمَّا ثَمُودُ فَأُهْلِكُوا۟

بِٱلطَّاغِيَةِ 5 وَأَمَّا عَادٌ فَأُهْلِكُوا۟ بِرِيحٍ

لَمَجْنُونٌ 51 وَمَا هُوَ إِلَّا ذِكْرٌ

لِّلْعَٰلَمِينَ 52

لَّوْلَا أَن تَدَارَكَهُ نِعْمَةٌ مِّن رَّبِّهِ

لَنُبِذَ بِالْعَرَاءِ وَهُوَ مَذْمُومٌ ٤٩

فَاجْتَبَاهُ رَبُّهُ فَجَعَلَهُ مِنَ

الصَّالِحِينَ ٥٠ وَإِن يَكَادُ الَّذِينَ

كَفَرُوا لَيُزْلِقُونَكَ بِأَبْصَارِهِمْ لَمَّا

سَمِعُوا الذِّكْرَ وَيَقُولُونَ إِنَّهُ

ج

يَعْلَمُونَ 44 وَأُمْلِي لَهُمْ إِنَّ كَيْدِي

مَتِينٌ 45 أَمْ تَسْأَلُهُمْ أَجْرًا فَهُم مِّن

مَّغْرَمٍ مُّثْقَلُونَ 46 أَمْ عِندَهُمُ الْغَيْبُ

فَهُمْ يَكْتُبُونَ 47 فَاصْبِرْ لِحُكْمِ رَبِّكَ

وَلَا تَكُن كَصَاحِبِ الْحُوتِ إِذْ

نَادَى وَهُوَ مَكْظُومٌ 48

وَيُدْعَوْنَ إِلَى ٱلسُّجُودِ فَلَا

يَسْتَطِيعُونَ ﴿٤٢﴾ خَـٰشِعَةً أَبْصَـٰرُهُمْ

تَرْهَقُهُمْ ذِلَّةٌ ۖ وَقَدْ كَانُوا يُدْعَوْنَ

إِلَى ٱلسُّجُودِ وَهُمْ سَـٰلِمُونَ ﴿٤٣﴾

فَذَرْنِي وَمَن يُكَذِّبُ بِهَـٰذَا ٱلْحَدِيثِ ۖ

سَنَسْتَدْرِجُهُم مِّنْ حَيْثُ لَا

إِنَّ لَكُمْ فِيهِ لَمَا تَخَيَّرُونَ ٣٨ أَمْ لَكُمْ

أَيْمَنٌ عَلَيْنَا بَالِغَةٌ إِلَى يَوْمِ الْقِيَمَةِ لا

إِنَّ لَكُمْ لَمَا تَحْكُمُونَ ٣٩ سَلْهُمْ

أَيُّهُم بِذَلِكَ زَعِيمٌ ٤٠ أَمْ لَهُمْ شُرَكَآءُ

فَلْيَأْتُوا بِشُرَكَآئِهِمْ إِن كَانُوا

صَدِقِينَ ٤١ يَوْمَ يُكْشَفُ عَن سَاقٍ

كَذَلِكَ الْعَذَابُ ۖ وَلَعَذَابُ الْءَاخِرَةِ أَكْبَرُ ۚ لَوْ كَانُوا۟ يَعْلَمُونَ ٣٣ إِنَّ لِلْمُتَّقِينَ عِندَ رَبِّهِمْ جَنَّٰتِ النَّعِيمِ ٣٤ أَفَنَجْعَلُ الْمُسْلِمِينَ كَالْمُجْرِمِينَ ٣٥ مَا لَكُمْ كَيْفَ تَحْكُمُونَ ٣٦ أَمْ لَكُمْ كِتَٰبٌ فِيهِ تَدْرُسُونَ ٣٧

قَالَ أَوْسَطُهُمْ أَلَمْ أَقُل لَّكُمْ لَوْلَا تُسَبِّحُونَ ٢٨ قَالُوا سُبْحَٰنَ رَبِّنَا إِنَّا كُنَّا ظَٰلِمِينَ ٢٩ فَأَقْبَلَ بَعْضُهُمْ عَلَىٰ بَعْضٍ يَتَلَٰوَمُونَ ٣٠ قَالُوا يَٰوَيْلَنَا إِنَّا كُنَّا طَٰغِينَ ٣١ عَسَىٰ رَبُّنَا أَن يُبْدِلَنَا خَيْرًا مِّنْهَا إِنَّا إِلَىٰ رَبِّنَا رَٰغِبُونَ ٣٢

أَنِ اغْدُوا عَلَىٰ حَرْثِكُمْ إِن كُنتُمْ

صَٰرِمِينَ ٢٢ فَانطَلَقُوا وَهُمْ

يَتَخَٰفَتُونَ ٢٣ أَن لَّا يَدْخُلَنَّهَا الْيَوْمَ

عَلَيْكُم مُّسْكِينٌ ٢٤ وَغَدَوْا عَلَىٰ

حَرْدٍ قَٰدِرِينَ ٢٥ فَلَمَّا رَأَوْهَا قَالُوٓا إِنَّا

لَضَآلُّونَ ٢٦ بَلْ نَحْنُ مَحْرُومُونَ ٢٧

أَصْحَبَ الْجَنَّةِ إِذْ أَقْسَمُوا لِيَصْرِمُنَّهَا مُصْبِحِينَ 17 وَلَا يَسْتَثْنُونَ 18 فَطَافَ عَلَيْهَا طَائِفٌ مِّن رَّبِّكَ وَهُمْ نَائِمُونَ 19 فَأَصْبَحَتْ كَالصَّرِيمِ 20 فَتَنَادَوْا مُصْبِحِينَ 21

هَمَّازٍ مَّشَّآءٍ بِنَمِيمٍ 11 مَّنَّاعٍ لِّلْخَيْرِ

مُعْتَدٍ أَثِيمٍ 12 عُتُلٍّ بَعْدَ ذَٰلِكَ زَنِيمٍ 13

أَن كَانَ ذَا مَالٍ وَبَنِينَ 14

إِذَا تُتْلَىٰ عَلَيْهِ ءَايَٰتُنَا قَالَ أَسَٰطِيرُ

ٱلْأَوَّلِينَ 15 سَنَسِمُهُ عَلَى

ٱلْخُرْطُومِ 16 إِنَّا بَلَوْنَٰهُمْ كَمَا بَلَوْنَاۤ

فَسَتُبْصِرُ وَيُبْصِرُونَ بِأَيِّيكُمُ 5

الْمَفْتُونُ 6 إِنَّ رَبَّكَ هُوَ أَعْلَمُ بِمَن

ضَلَّ عَن سَبِيلِهِ وَهُوَ أَعْلَمُ

بِالْمُهْتَدِينَ 7 فَلَا تُطِعِ الْمُكَذِّبِينَ 8

وَدُّوا لَوْ تُدْهِنُ فَيُدْهِنُونَ 9

وَلَا تُطِعْ كُلَّ حَلَّافٍ مَّهِينٍ 10

Al-Qalam

بِسْمِ ٱللَّهِ ٱلرَّحْمَـٰنِ ٱلرَّحِيمِ

ج

1 نٓ وَٱلْقَلَمِ وَمَا يَسْطُرُونَ

2 مَآ أَنتَ بِنِعْمَةِ رَبِّكَ بِمَجْنُونٍ

3 وَإِنَّ لَكَ لَأَجْرًا غَيْرَ مَمْنُونٍ

4 وَإِنَّكَ لَعَلَىٰ خُلُقٍ عَظِيمٍ

قُلْ هُوَ ٱلرَّحْمَٰنُ ءَامَنَّا بِهِۦ وَعَلَيْهِ تَوَكَّلْنَا ۖ فَسَتَعْلَمُونَ مَنْ هُوَ فِى ضَلَٰلٍ مُّبِينٍ ٢٩ قُلْ أَرَءَيْتُمْ إِنْ أَصْبَحَ مَآؤُكُمْ غَوْرًا فَمَن يَأْتِيكُم بِمَآءٍ مَّعِينٍ ٣٠

فَلَمَّا رَأَوْهُ زُلْفَةً سِيئَتْ وُجُوهُ ٱلَّذِينَ

كَفَرُوا۟ وَقِيلَ هَٰذَا ٱلَّذِى كُنتُم بِهِۦ

تَدَّعُونَ 27 قُلْ أَرَءَيْتُمْ إِنْ أَهْلَكَنِىَ

ٱللَّهُ وَمَن مَّعِىَ أَوْ رَحِمَنَا فَمَن

يُجِيرُ ٱلْكَٰفِرِينَ مِنْ عَذَابٍ أَلِيمٍ 28

وَالْأَبْصَٰرَ وَالْأَفْـِٔدَةَ ۚ قَلِيلًا مَّا تَشْكُرُونَ ٢٣ قُلْ هُوَ الَّذِى ذَرَأَكُمْ فِى الْأَرْضِ وَإِلَيْهِ تُحْشَرُونَ ٢٤ وَيَقُولُونَ مَتَىٰ هَٰذَا الْوَعْدُ إِن كُنتُمْ صَٰدِقِينَ ٢٥ قُلْ إِنَّمَا الْعِلْمُ عِندَ اللَّهِ وَإِنَّمَا أَنَا۠ نَذِيرٌ مُّبِينٌ ٢٦

غُرُورٍ ﴿20﴾ أَمَّنْ هَٰذَا الَّذِي يَرْزُقُكُمْ إِنْ أَمْسَكَ رِزْقَهُ ۚ بَل لَّجُّوا فِي عُتُوٍّ وَنُفُورٍ ﴿21﴾ أَفَمَن يَمْشِي مُكِبًّا عَلَىٰ وَجْهِهِ أَهْدَىٰ أَمَّن يَمْشِي سَوِيًّا عَلَىٰ صِرَاطٍ مُّسْتَقِيمٍ ﴿22﴾ قُلْ هُوَ الَّذِي أَنشَأَكُمْ وَجَعَلَ لَكُمُ السَّمْعَ

كَانَ نَكِيرِ ۗ ١٨ أَوَلَمْ يَرَوْا إِلَى الطَّيْرِ

فَوْقَهُمْ صَٰفَّٰتٍ وَيَقْبِضْنَ ۚ مَا

يُمْسِكُهُنَّ إِلَّا الرَّحْمَٰنُ ۚ إِنَّهُۥ بِكُلِّ

شَىْءٍ بَصِيرٌ ١٩ أَمَّنْ هَٰذَا الَّذِى هُوَ

جُندٌ لَّكُمْ يَنصُرُكُم مِّن دُونِ

الرَّحْمَٰنِ ۚ إِنِ الْكَٰفِرُونَ إِلَّا فِى

ٱلنُّشُورُ 15 ءَأَمِنتُم مَّن فِى ٱلسَّمَآءِ

أَن يَخْسِفَ بِكُمُ ٱلْأَرْضَ فَإِذَا هِىَ

تَمُورُ 16 أَمْ أَمِنتُم مَّن فِى ٱلسَّمَآءِ

أَن يُرْسِلَ عَلَيْكُمْ حَاصِبًا ۚ

فَسَتَعْلَمُونَ كَيْفَ نَذِيرِ 17 وَلَقَدْ

كَذَّبَ ٱلَّذِينَ مِن قَبْلِهِمْ فَكَيْفَ

وَأَسِرُّوا۟ قَوْلَكُمْ أَوِ ٱجْهَرُوا۟ بِهِۦۤ ۖ صلى

إِنَّهُۥ عَلِيمٌۢ بِذَاتِ ٱلصُّدُورِ 13

أَلَا يَعْلَمُ مَنْ خَلَقَ وَهُوَ ٱللَّطِيفُ

ٱلْخَبِيرُ 14 هُوَ ٱلَّذِى جَعَلَ لَكُمُ

ٱلْأَرْضَ ذَلُولًا فَٱمْشُوا۟ فِى

مَنَاكِبِهَا وَكُلُوا۟ مِن رِّزْقِهِۦ ۖ صلى وَإِلَيْهِ

ضَلَالٍ كَبِيرٍ ٩ وَقَالُوا لَوْ كُنَّا نَسْمَعُ

أَوْ نَعْقِلُ مَا كُنَّا فِى أَصْحَٰبِ

ٱلسَّعِيرِ ١٠ فَٱعْتَرَفُوا بِذَنۢبِهِمْ فَسُحْقًا

لِّأَصْحَٰبِ ٱلسَّعِيرِ ١١

إِنَّ ٱلَّذِينَ يَخْشَوْنَ رَبَّهُم بِٱلْغَيْبِ

لَهُم مَّغْفِرَةٌ وَأَجْرٌ كَبِيرٌ ١٢

إِذَآ أُلْقُوا۟ فِيهَا سَمِعُوا۟ لَهَا شَهِيقًا

وَهِىَ تَفُورُ ٧ تَكَادُ تَمَيَّزُ مِنَ ٱلْغَيْظِ ۖ

كُلَّمَآ أُلْقِىَ فِيهَا فَوْجٌ سَأَلَهُمْ

خَزَنَتُهَآ أَلَمْ يَأْتِكُمْ نَذِيرٌ ٨ قَالُوا۟ بَلَىٰ

قَدْ جَآءَنَا نَذِيرٌ فَكَذَّبْنَا وَقُلْنَا مَا نَزَّلَ

ٱللَّهُ مِن شَىْءٍ إِنْ أَنتُمْ إِلَّا فِى

وَلَقَدْ زَيَّنَّا ٱلسَّمَآءَ ٱلدُّنْيَا بِمَصَٰبِيحَ

وَجَعَلْنَٰهَا رُجُومًا لِّلشَّيَٰطِينِ ۖ

وَأَعْتَدْنَا لَهُمْ عَذَابَ ٱلسَّعِيرِ ٥

وَلِلَّذِينَ كَفَرُوا۟ بِرَبِّهِمْ عَذَابُ جَهَنَّمَ ۖ

وَبِئْسَ ٱلْمَصِيرُ ٦

ٱلَّذِى خَلَقَ سَبْعَ سَمَٰوَٰتٍ طِبَاقًا مَّا صلى

تَرَىٰ فِى خَلْقِ ٱلرَّحْمَٰنِ مِن تَفَٰوُتٍ صلى

فَٱرْجِعِ ٱلْبَصَرَ هَلْ تَرَىٰ مِن فُطُورٍ 3

ثُمَّ ٱرْجِعِ ٱلْبَصَرَ كَرَّتَيْنِ يَنقَلِبْ

إِلَيْكَ ٱلْبَصَرُ خَاسِئًا وَهُوَ حَسِيرٌ 4

Mulk

بِسْمِ اللَّهِ الرَّحْمَٰنِ الرَّحِيمِ

تَبَٰرَكَ الَّذِي بِيَدِهِ الْمُلْكُ وَهُوَ عَلَىٰ كُلِّ شَيْءٍ قَدِيرٌ ١ الَّذِي خَلَقَ الْمَوْتَ وَالْحَيَوٰةَ لِيَبْلُوَكُمْ أَيُّكُمْ أَحْسَنُ عَمَلًا ۚ وَهُوَ الْعَزِيزُ الْغَفُورُ ٢

Signs & Symbols

صلے

It is better to continue reading, but stopping is permissible.

قلے

It is better to stop reading

ج

Permissible to stop or continue

لا

No Stop

Warning not to Abandon the Quraan

Those who are negligent in learning the Quraan are considered to have abandoned it. And only the enemies of the Prophet MuHammad, abandon the Quraan. In this regard; Allaah and His Messenger say,

وَقَالَ ٱلرَّسُولُ يَٰرَبِّ إِنَّ قَوْمِى ٱتَّخَذُواْ هَٰذَا ٱلْقُرْءَانَ مَهْجُورًا ٣٠

وَكَذَٰلِكَ جَعَلْنَا لِكُلِّ نَبِىٍّ عَدُوًّا مِّنَ ٱلْمُجْرِمِينَ ۗ وَكَفَىٰ بِرَبِّكَ هَادِيًا وَنَصِيرًا ٣١

The Messenger (MuHammad) cried out to his Lord saying, "O my Lord! My people have taken to neglecting this Quraan." And in this way, We have taken criminals and made them the enemies of every Prophet. But your Lord is a sufficient Guide and Helper[1].

And from the guidance and help of our Lord is that He has taught us by way of the PEN. We hope that this workbook inspires you to pick up **YOUR** pen and write out the Quraan.

---

[1] **Soorah 25 FurQaan 30-31**

About this Workbook

Traditionally, the memorization of Quraan included writing it out by hand. It was understood that through writing out the Quraan, its aayaat would be sealed into the hearts and minds of the up and coming students. However, with the advent of electronic tablets and video games, the practice of writing out the Quraan has been rapidly disappearing. This workbook is our attempt to fight this dangerous trend.

When a student was preparing to write out the Quraan, he would find a wooden board called a "LawH" to write on. The average LawH could fit a Hizb of Quraan on it. After memorizing the written Hizb, the student would wash the LawH and start writing a new Hizb.

In keeping with this tradition, each one of these workbooks is one Hizb, approximately ten pages in the modern day muS-Haf. Simply trace the aayaat provided, and strengthen your memorization of Allaah's Words. The entire Workbook series has been organized by Al-Ustaadhah, Umm Mujaahid Faatimah As-Salafy, under my direct supervision. Therefore, please bring any mistakes to my attention.

Abu Taubah Mukhlis

Director of Education/Timbuktu Seminary

26 Sha'baan 1446 H/2025 CE

Published in the United States by Timbuktu Press – <www.timbuktupress.com>

Timbuktu Press First Edition, 2025

ISBN: 978-1-968369-09-5

Timbuktu Press® is a registered trademark of Timbuktu Press.

Rasmul Quraan

The Forgotten Practice of Writing Quraan

WorkBook 57

Al-Mulk 1-Nuh 28, Hizb 57 Juz 29

Timbuktu Seminary

www.ingramcontent.com/pod-product-compliance
Lightning Source LLC
Chambersburg PA
CBHW080045280326
41935CB00014B/1791